LETTRES

AUX

PARISIENS

PAR

UN HABITANT DE FOUILLY-LES-OIES

MEAUX

IMPRIMERIE ALPHONSE COCHET

16, PLACE SAINT-ÉTIENNE, 16

1871

Ces Lettres ont paru dans LE PUBLICATEUR
DE L'ARRONDISSEMENT DE MEAUX.

LETTRES
AUX PARISIENS

PAR

UN HABITANT DE FOUILLY-LES-OIES

Ma première aux Parisiens

Parisiens,

Il paraît qu'en ce moment, vous êtes terrible-
ment en colère contre nous autres, pauvres provinciaux : si j'en juge par ce que j'entends dire de
divers côtés, quolibets, caricatures, sarcasmes, épi-
thètes mal sonnantes pleuvent dru comme grêle sur
nous et sur les représentants que nous avons choisis. J'ai lu moi-même sur certain journal des ex-
pressions qu'il me coûterait de reproduire. Parbleu!
Messieurs,.... ah ! pardon : citoyens, devrais-je
dire, à Fouilly-les-Oies, on se respecte davantage.
Vous vous attribuez modestement la réputation du
peuple le plus spirituel de la terre ; à coup sûr,
ce n'est pas ainsi que vous parviendrez à la justifier.

Et quelle est la cause de tout ce vacarme, de ce dé-
bordement de bile ?

Vous nous reprochez, si je ne me trompe, de
n'être pas de fervents républicains ; vous nous reprochez de jalouser Paris ; il en est même qui vont
jusqu'à nous reprocher d'avoir contribué aux mal-

heurs du pays par notre vote sur le plébiscite ; mais cette dernière imputation se glisse sournoisesement dans les conversations et n'a pas encore osé, que je sache, s'étaler dans les colonnes de vos grands journaux. Si jamais elle l'osait, nous y répondrions, soyez-en sûrs, et vertement. Quant aux deux premières que nous voyons partout reproduites à satiété, trouvez bon que nous ne les laissions pas sans réplique.

Ah ! vous nous reprochez de ne pas être de fervents républicains! Eh bien! nous vous reprochons, nous, habitants de Fouilly-les-Oies, de crier République sans savoir définir ce que ce mot signifie, et surtout sans vouloir pratiquer les obligations que cette forme de gouvernement impose.

De plus, nous vous déclarons très-nettement que nous sommes las de voir Paris disposer à lui tout seul du sort de tout le pays, changer à lui tout seul, par le droit de l'émeute, la forme du gouvernement, empêcher ainsi la sincère application des principes et fausser les institutions. Si c'est là ce que vous appelez jalouser Paris, vous n'avez pas tort.

Nous accusons les *républicains de profession* d'avoir été, depuis 92, les principaux auteurs de toutes les agitations; et nous accusons Paris de leur avoir donné, par la dictature politique qu'il exerce, le moyen de bouleverser le pays, de tout changer à plusieurs reprises, quoiqu'ils n'aient été jusqu'à ce jour, et qu'*ils ne soient encore aujourd'hui qu'une minorité.*

Enfin, nous osons affirmer que, malgré vos bruyantes professions de républicanisme, s'il y a quelque chose de difficile à trouver parmi vous, c'est un véritable républicain. On y voit, il est vrai, des hommes, en certain nombre, qui se donnent mutuellement, et avec une affectation marquée, le titre de citoyens; qui mettent au bas de leurs lettres : *salut et fraternité;* qui datent leurs journaux de Frimaire ou de Vendémiaire ; mais cela ne suffit pas, à nos yeux, pour prouver des convictions sincères, et surtout des convictions raisonnées. Dans cet emploi de certaines formules, dans cette résurrection du calendrier républicain (calendrier qui avait du bon, politique à part), nous ne trouvons autre chose qu'une réminiscence maladroite d'une époque étrange, complexe, où les faits héroïques se sont alliés à une monstrueuse aberration morale. Ah! les réminiscences de l'histoire! que de maux elles nous ont causés! C'est à elles que nous devons tant de Césars; c'est à elles que nous devons tant de tribuns à l'enthousiasme factice; c'est à elles que nous avons dû les Gracchus en bonnet phrygien et les Brutus en carmagnole. Allons! allons! assez de parodies!

Voilà qui est un peu *raide*, comme vous dites à Paris; mais, à Fouilly-les-Oies, on ne va pas par quatre chemins : ce que l'on pense des gens, on le leur dit en face, et ce que l'on dit, on le prouve.

Avec cette adorable suffisance qui vous caractérise, vous affirmez que nous sommes tous gens dépourvus de lumières et de jugement. Sans doute, il est parmi nous plus d'un type de cette espèce; mais n'en est-il aucun parmi vous? La seule différence entre vos ignorants et les nôtres, c'est que les uns sont présomptueux et tranchants, les autres très-timides.

Vous prétendez que, préoccupés uniquement de nos champs et de nos bestiaux, nous faisons bon marché des nobles aspirations à l'indépendance et à la liberté : la vérité est que nous nous en soucions tout autant que vous. Seulement, jusqu'à ce jour, une certaine apathie et le sentiment exagéré de notre insuffisance nous ont portés à résumer toutes nos aspirations dans un enthousiasme commode pour quelque individualité, à laisser faire, à recevoir, les yeux fermés, tout ce qui nous venait de la Capitale. Nous commençons à nous apercevoir que nous avons eu tort. Croyez-moi, Messieurs les Parisiens, il en est plus d'un parmi nous qui sont instruits et capables de penser : ils comprennent enfin que des institutions libres imposent à tous ceux qui sont dignes et capables d'exercer autour d'eux quelque influence le devoir d'y travailler énergiquement, en un mot, que *noblesse oblige* : ils y sont bien résolus. Nous avons mûrement réfléchi à tout cela ; nous nous sommes réunis ; nous avons arrêté tout un plan de conduite : nous avons même décidé la fondation d'un journal de la localité : un journal à Fouilly-les-Oies ! Eh ! mon Dieu oui : et, si j'en avais le loisir, je vous ferais connaître, dès à présent, dans quel sens et sur quel plan il sera rédigé.

Quoi qu'il en soit, et pour vous donner une preuve de tout ce que j'avance, comme aussi pour justifier les reproches que nous osons vous adresser, permettez que je vous expose brièvement ce que nous entendons par la République.

Ma deuxième aux Parisiens

LA RÉPUBLIQUE TELLE QU'ON LA DÉSIRE
A FOUILLY-LES-OIES

Le gouvernement républicain est celui qui consacre, dans sa plus large acception, le principe en vertu duquel tout membre d'un corps social, étant intéressé personnellement à la marche des affaires, a le droit d'intervenir personnellement dans leur gestion.

L'exercice direct, et au jour le jour, de cette souveraineté est rendu impraticable dans un état : 1° par le besoin d'une organisation arrêtée et permanente; 2° par l'inaptitude manifeste du plus grand nombre à résoudre les questions multiples qu'amènent les complications de l'existence sociale. De là résulte, pour le *peuple souverain*, l'obligation de limiter l'exercice de son droit en se soumettant lui-même à une certaine organisation, et en chargeant certains hommes de toutes les initiatives et de tous les contrôles qu'elle comporte.

Cette organisation reconnue perfectible, mais à des époques et dans des formes déterminées; la délégation temporaire de la souveraineté et du droit de contrôle, faite par tous indistinctement et pouvant être confiée à des hommes choisis indistinctement dans tous les rangs de la société ; la suppression de tous les priviléges ; la liberté la plus entière pour chaque citoyen, *tant qu'il reste dans les limites qu'il s'est tracées lui-même*, tels sont, selon nous,

les principaux caractères du gouvernement républicain.

Or, il nous paraît qu'un semblable état de choses
n'est possible qu'à deux conditions :

1° C'est qu'il répondra aux besoins, aux aspirations de la grande majorité des citoyens; qu'il ne
sera pas le résultat d'une surprise ; sinon, remar-
quons-le bien, il contreviendrait à son principe, qui
est la liberté ; il serait l'oppression du plus grand
nombre par une minorité audacieuse, et — remarque
plus importante encore—disparaîtrait, après de douloureuses convulsions, par *l'exercice même des droits
qu'il confère à chaque individualité*—cela s'est vu.
Ainsi, plus de droits antérieurs et supérieurs, plus
de République de droit divin, toutes choses qui
aboutissent fatalement au despotisme; et quel despotisme !

2° C'est que les *délégants* et les délégués reste-
ront fidèles à l'*esprit* et à la *lettre* du contrat synal-
lagmatique par lequel ils se sont liés. N'oubliez pas
cela, ô Parisiens !

Le Pouvoir exécutif usera de ses prérogatives en
vue de l'intérêt général, et jamais au profit de son
influence personnelle et de ses projets particuliers.
Il sera toujours prêt à s'incliner devant la majesté de
la nation, en acceptant le contrôle des Assemblées
qui la représentent.

Le corps des Représentants, laissant au chef temporaire du pouvoir la liberté de son initiative, se
contentera d'exercer sur ses actes un contrôle vigi-
lant. Il s'abstiendra de porter atteinte à la considération qui lui est nécessaire, par l'expression haute-
ment réitérée de soupçons offensants, comme aussi
d'énerver son action par des tracasseries mesquines.
Avis aux députés qui recherchent une popularité de
mauvais aloi par des attaques systématiques contre
tous les dépositaires du pouvoir. Il rédigera les lois
que la marche du temps et les évolutions de la société auront rendues nécessaires dans l'ordre civil.
Mais il ne modifiera les lois politiques qu'avec la
plus grande circonspection, et jamais de manière à

porter atteinte au pacte fondamental en vertu duquel il existe et fonctionne, comprenant qu'une pareille tâche ne peut être remplie qu'à la condition d'un mandat spécial donné par la nation, Il ne se prévaudra pas de son titre de Corps législatif pour légiférer à tout propos, et n'usera pas du droit de légiférer pour établir, sous la pression d'une certaine foule, des lois de circonstance, empiéter sur les attributions du Pouvoir exécutif, et préparer la désorganisation de toute la machine gouvernementale.

Le Peuple — et par ce mot nous entendons, non pas seulement les hommes de labeur, mais l'universalité des citoyens, le Peuple, sincèrement attaché à la liberté, ne la séparera jamais des devoirs qui en sont la condition indispensable : il comprendra que le droit précieux de n'obéir qu'à des lois consenties implique la scrupuleuse observation de ces mêmes lois. Satisfait d'avoir manifesté sa volonté par la voie de l'élection, il reprendra, confiant, le cours paisible de son existence jusqu'à l'heure d'un nouveau scrutin.

Il n'obéira pas aveuglément à un soupçon, à une impression fugitive, à des suggestions coupables, et ne se montrera pas constamment disposé à revenir sur ses propres décisions, à intervenir par la force, à désavouer ses propres mandataïres. Ah! Parisiens! que d'infractions à cet article!

Il se gardera des haines aveugles et des enthousiasmes irréfléchis. Le sacrifice est grand, peut-être, mais nécessaire.

Bien loin de considérer les péripéties de la lutte entre les pouvoirs comme un spectacle attrayant, il se montrera convaincu que le bruit dans les régions gouvernementales est toujours un fâcheux symptôme et qu'il doit en être du corps politique comme de ces machines puissantes qui déploient une somme considérable de force sans augmenter ni diminuer leur bruit, sans précipiter ni ralentir leur allure. Ainsi, Parisiens, c'est bien entendu, nous renonçons à notre passion pour les drames de la Chambre, pour les grands éclats de voix, les véhémentes apostrophes : l'intérêt des journaux sera moins vif; leur tirage y perdra peut-être; mais la tranquillité publique y gagnera : nous acceptons la compensation.

Ces principes sincèrement appliqués rendent la guerre civile impossible, car elle ne serait plus qu'une odieuse absurdité. J'entends dire pourtant que nous en sommes menacés en ce moment même, et par votre fait, ô Parisiens?

Sans l'application rigoureuse de ces principes, cette organisation place la société sous le coup d'une menace permanente de guerre civile, par la possibilité donnée à chacun d'exercer son initiative. Vous seriez-vous chargés de nous en donner la preuve, artilleurs de Montmartre et de Belleville?

Cette condition remplie, il faut avouer qu'il n'est pas de forme de gouvernement plus belle, qu'il n'en est pas de plus juste.

Sans cette condition, proclamons bien haut qu'il n'en est pas de plus dangereuse, qu'il n'en est pas de plus funeste.

Avec le despotisme, la garantie de l'ordre est dans le respect, l'affection ou la crainte qu'inspire le souverain : sous un gouvernement républicain, elle ne peut se trouver que dans le respect inviolable de la loi.

Telle est, ô Parisiens, l'idée que nous nous faisons de la République, nous, habitants de Fouilly-les-Oies ; telles sont les conditions auxquelles nous en comprenons la possibilité.

Ah! je l'avoue, notre République n'est pas celle des masses aveugles qui se précipitent vers cette forme de gouvernement comme vers un Eldorado où elles doivent trouver la disparition de toutes les misères et la suppression de tout frein, même de celui des lois.

Notre République n'est pas celle des énergumènes qui ne se croient libres qu'autant qu'ils peuvent bafouer impunément tous les pouvoirs, et faire entendre impunément des appels à la guerre civile.

Notre République n'est pas celle des sectaires fa-

rouches, de ces hommes qui, après avoir proclamé
a priori l'excellence de leurs doctrines, veulent appliquer à la société politique le *compelle intrare* de
l'intolérance religieuse, de ces hommes qu'un courage aveugle, inflexible, mis au service d'un esprit
étroit, a rendus logiciens à la façon de Torquemada
et de Robespierre, qui, se montant l'imagination au
diapason d'une énergie sauvage, ne craignent pas
de marcher à l'accomplissement de leurs projets à
travers le sang des luttes civiles. Ils affectent de s'appuyer exclusivement sur une partie du peuple à laquelle ils soufflent les exaltations de la haine, dont
ils sont tout à la fois les chefs et les serviteurs ;
leur réussite ne pourrait aboutir qu'à un despotisme
odieux, rejeté tôt ou tard avec dégoût. Ne serait-ce
pas là ce qu'on appelle la Commune ?

Enfin notre République n'est pas celle des théoriciens du sentiment, de ces gens qui font profession
d'éprouver pour le peuple un amour immense, qui
pensent qu'être livré à des travaux manuels et n'avoir que peu ou point de culture intellectuelle donne
droit à un brevet de perfection : selon eux, s'il y a
de la corruption, c'est la faute des dynasties; s'il y a
eu des défaillances, c'est encore la faute des
dynasties ; donnez immédiatement la liberté dans
toute sa plénitude, et l'on vous offrira immédiatement des vertus parfaites ; donnez une arme à chaque
citoyen, et de chaque citoyen vous ferez un type
d'abnégation et d'héroïsme; l'épreuve a été tentée,
hélas ! Selon eux encore, s'il y a des crimes, c'est
que la législation est trop sévère ; vite, abolissons
toutes les sanctions redoutables et nous inaugurerons
le règne de la mansuétude universelle. Et ils sont
sincères, braves gens, après tout, gens naïfs, mais
d'une portée politique assez médiocre. Quant à nous,
habitants de Fouilly-les-Oies, nous nous méfions des
maximes générales, si souvent trompeuses ; nous
pensons que, si le peuple renferme dans son sein le
germe de toutes les vertus, il y renferme aussi le
germe de tous les vices; que, s'il est capable d'héroïsme, il a également l'instinct de toutes les vio-

lences, même des plus odieuses; en un mot, qu'il doit
être éclairé, guidé, contenu.

Et cette tâche, nous croyons non moins fermement
que, dans un gouvernement républicain, il ne faut pas
la laisser tout entière au pouvoir, parce que, tôt ou
tard, il succomberait sous le fardeau. Qui donc doit
la partager avec lui? C'est ce que nous verrons quand
je vous communiquerai nos idées sur le suffrage universel. Vous le dirai-je encore, notre République
n'est pas celle des *libres penseurs*. Nous ne vivons
pas comme vous constamment enfermés dans l'en-
ceinte d'une ville, piétinant dans la poussière ou la
fange de ses rues, avec leurs horizons étroits pour
toute perspective, et ne voyant partout que l'œuvre
des hommes. La vaste étendue de ciel que nous em-
brassons, nos plaines fertiles qui chaque année se
couvrent de riches moissons, nos coteaux boisés qui
reverdissent à chaque printemps, les majestueux cou-
chers du soleil, la grande voix du tonnerre, qui re-
bondit d'écho en écho dans nos vallées, tout
cela parle à nos cœurs un secret langage; toutes ces
splendeurs, toutes ces sources mystérieuses et inépui-
sables de richesses, ces forces immenses auprès des-
quelles la nôtre n'est qu'un néant nous font penser,
malgré nous, à quelque être infiniment puissant qui
doit avoir tout créé, et qui nous a imposé l'existence
comme une épreuve : en un mot, nous sommes reli-
gieux. Nous ne contestons pas les abus qui se sont
mêlés à la pratique de la religion, mais nous ne pensons pas qu'il faille s'en prévaloir pour proscrire la
religion elle-même. Aussi souffrons-nous quand nous
vous voyons attaquer avec le fiel de l'ironie des
croyances très-sincères. Eh ! morbleu ! Messieurs les
Parisiens, soyez matérialistes tant qu'il vous plaira ;
si telle est votre opinion personnelle, on ne vous en
demandera pas compte ; mais n'en faites pas ostenta-
tion devant des gens qui, en immense majorité, pro-
fessent l'opinion contraire : sinon, on dira de vous
que vous *posez* à votre manière et que, malgré ce
titre assez singulier de *libres penseurs*, titre que
vous accaparez, je ne sais trop pourquoi, vous ne res-

pèctez pas plus la liberté en religion que vous ne la respectez en politique.

Et n'allez pas prétendre que la religion n'a rien à démêler avec la politique ; car voici ce que nous vous répondrions : La pratique des institutions républi-caines suppose chez tous une certaine somme d'abné-gation qui consiste à faire fléchir devant la loi les uns la force matérielle, résultat de leur supériorité numérique ; les autres la force morale, résultat de la supériorité des lumières et de la richesse. Or, il n'y aura jamais abnégation persistante chez les hommes qui auront renfermé toutes leurs espérances dans les limites de la vie présente.

Qu'on le sache ou qu'on l'ignore, point de Répu-blique durable sans des croyances religieuses.

Il est bien entendu que le mot religion est pris ici dans sa plus large acception.

Mais n'oublions pas que j'ai promis de vous parler du suffrage universel.

Ma troisième aux Parisiens.

LE SUFFRAGE UNIVERSEL TEL QU'ON LE COMPREND

A FOUILLY-LES-OIES

Nous avons eu le suffrage restreint, et vous, Messieurs les Parisiens, l'accusant de n'être qu'un privilége, vous avez passé outre à ses décisions. Aujourd'hui nous avons le suffrage universel ; montrez-vous pour lui beaucoup plus de déférence? Je vais plus loin : il me semble que vous et nous le pratiquons sans le bien comprendre.

Jugeant tous un peu trop des choses d'après notre position sociale, les uns ne voient dans le suffrage universel qu'un résultat éphémère de la force : ils l'ont accepté à regret; ils se conforment négligemment à la loi qui le leur impose, et attendent que quelque commotion nouvelle les en affranchisse.

Pour les autres c'est le palladium de toutes les libertés, c'est l'arche sainte : il faut accepter ses décisions comme autant d'oracles, et lui reconnaître le droit de se déjuger à tout propos, d'être aussi mobile que les caprices de la foule, dont, selon eux, il doit être la traduction.

Les uns et les autres ont tort.

Aux premiers il faut dire que le suffrage universel est de droit absolu : aux seconds il faut répéter bien haut que, dans ses décisions, il doit tendre à se conformer aux lois immuables de la justice.

Renonçons à tout fétichisme, aussi bien à l'égard des peuples qu'à l'égard des souverains ; et décomposous froidement cette imposante unité qui a nom *le suffrage universel* : interrogeons sur les questions de politique intérieure et de politique extérieure chacun des individus qui la composent... Déception ! Un quart peut-être répond avec intelligence ; tout le reste n'a aucune opinion réelle ; tout le reste votera par instinct et par entraînement : cela est incontestable.

Faudra-t-il donc attendre avec indifférence et les bras croisés que cet étrange arbitre ait décidé du sort de toute la nation ? Faudra-t-il pratiquer à la lettre et sans correctif cette étrange institution qui confère aux aveugles le droit de montrer le chemin ; qui donne à la voix du jeune homme, de l'homme ignorant, de l'homme asservi aux passions brutales, le même poids qu'à celle du citoyen éclairé, du citoyen mûri par l'âge et l'expérience, du citoyen ennobli par la pratique de la vertu ? Tout le secret du gouvernement consistera-t-il à convoquer les foules et à s'inspirer de leurs volontés changeantes ? Allons donc ! Ce serait décapiter une nation.

Il faut des correctifs.

Le premier, c'est que le peuple ne doit exercer sa souveraineté que par délégation. Il nomme des mandataires qu'il investit de ses pouvoirs pour un temps déterminé. Ne relevant que de leur conscience pendant toute la durée de leur mandat, ces hommes choisis parmi l'élite de la nation doivent, au nom même de la confiance dont on les a honorés, exercer sur les masses la double influence du caractère et de la capacité, et non se résigner à devenir les éditeurs complaisants de tous les caprices et de toutes les violences : ce qui, soit dit en passant, ramène la fameuse théorie du mandat impératif, (vous savez, Parisiens, cette vieille théorie, rééditée naguère par une de vos idoles) ce qui la ramène, dis-je, aux proportions d'une simple facétie.

Voici le second : Cette concession au droit absolu ne doit être faite que lorsque la diffusion des lumières est aussi complète qu'il est possible de l'espérer. Ajoutons qu'elle doit pouvoir coïncider avec une li-

berté complète donnée à toutes les manifestations de
la pensée.

Enfin, condition essentielle, elle suppose que sur
tous les points du pays, dans les villes comme dans
les campagnes, on se fait un devoir, *en tout temps*,
d'être au courant de la question politique : elle suppose que tous les hommes de quelque valeur morale
et intellectuelle cherchent, *en tout temps*, à établir
autour d'eux un cercle d'influence et à peser de longue main sur les résultats de tout le poids de la per-
suasion qu'ils ont exercée et de la considération
qu'ils ont conquise. Elle suppose que, à défaut d'une
aristocratie légale, intermédiaire, entre le peuple
et le pouvoir, il s'en est formé, par un accord ta-
cite, une autre non moins nécessaire, celle des lumières et de la vertu. Elle suppose que tous sont
profondément pénétrés de cette vérité, c'est que,
dans un gouvernement libéral, dans une République,
l'abstention n'est permise à personne, et que, si
chaque citoyen est tenu de contribuer, pour sa
part, à la sécurité du dehors, en la payant au besoin
de son sang, il n'est pas moins obligé de contribuer
à la tranquillité intérieure et au maintien des lois,
d'abord en les observant lui-même, puis en sachant
au besoin payer de sa personne contre les infrac-
teurs.

En est-il ainsi parmi nous ? — Hélas!!! Le peuple y exerce sa souveraineté par délégation, cela est
vrai ; mais si nous le voyons, sur le plus léger prétexte, se montrer prêt à désavouer ses mandataires
et à intervenir par la violence ; s'il n'a des ovations
que pour ceux d'entre eux qui flattent ses instincts
et lui fournissent l'occasion et l'exemple de la déso-
béissance aux lois consenties, qui devons-nous incri-
miner, les citadins ou les *ruraux*, les provinciaux ou
les habitants de la Capitale ?

Sur le second point, notre avis à nous, habitants
de Fouilly-les-Oies, est que la concession au droit
absolu a été trop complète sous le rapport de l'âge
et de plus qu'elle a été prématurée ; ce dernier tort,
s'il est réel, appartient aux hommes que vous avez

portés au pouvoir en 1848. Quant à la faire coïncider avec la liberté des manifestations de la pensée, ne dirait-on pas que vous vous êtes chargés de prouver que cela est impraticable ? J'en appelle à la polémique de vos journaux de prédilection ; j'en appelle au langage tenu dans vos réunions.

Sur les autres points, je l'avoue, nous avons partagé vos torts ; parmi nous, comme parmi vous, la classe moyenne éclairée n'a pas su comprendre l'importance du rôle que lui imposaient des institutions libres ; elle a continué à s'isoler dans son orgueil et dans le culte des jouissances égoïstes ; elle n'a pas cherché à faire rayonner les lumières autour d'elle, à pratiquer l'échange pacifique des idées, à aiguillonner l'apathie des campagnes, à calmer l'activité fiévreuse, la trop constante hostilité des villes. Seulement, à ce tort, la classe éclairée des grandes villes, de la Capitale surtout, en a joint un autre plus grave peut-être, c'est de céder elle-même à l'entraînement de l'opposition systématique, de s'associer trop facilement aux déchaînements de la haine ; elle n'a pas assez compris que dans tout pouvoir, quelque nom qu'il porte, il y a d'abord l'homme, toujours discutable, puis un principe, une incarnation de la loi, qu'il faut à tout prix respecter, et qui commande aux attaques une très-grande modération, dans le fond comme dans la forme.

De tout cela, voici ce qui est résulté jusqu'à ce jour : Au point de vue de l'influence sur la marche des affaires, les campagnes s'effacent volontiers devant les cités, les cités devant la capitale. Arrive-t-il des moments critiques, (et ils sont inévitables), la capitale investie, de par l'incurie générale, du monopole des bouleversements, travaillée par les hommes exagérés, qui seuls ont des réunions, qui seuls cherchent à attirer à eux la foule avide de spectacles, dominée par les risque-tout, toujours prêts à descendre dans la rue, la capitale est dans une fermentation continuelle et ressemble à un volcan dont les grondements sourds font redouter à chaque instant une éruption.

Tout-à-coup l'éruption a lieu : une tentative audacieuse, extra-légale met en feu votre Paris ; qu'arrive-t-il ? Si elle échoue, la province apprend le lendemain qu'elle a été sauvée pendant son sommeil et attend avec impatience les détails du drame pour connaître et ses sauveurs et ceux qu'elle doit charger de ses malédictions. Si la tentative a réussi, les auteurs sont des héros ; ils se décernent à eux-mêmes l'apothéose. L'arsenal des théories est chez vous si complet qu'on en trouve sans peine quelqu'une qui les justifie, que dis-je, qui en fait des êtres prédestinés. Puis quand des décrets improvisés après la lutte ont tout renversé, tout renouvelé, quand l'ancien pouvoir est captif ou proscrit, ses partisans fugitifs ou terrifiés, quand tous les hauts emplois déclarés vacants ont été envahis par des ambitieux ardents à la curée, quand le retour immédiat vers le passé est impossible, on nous demande à nous, provinciaux, notre assentiment ; la demande est prise au sérieux, et, troupeau docile, nous venons solennellement bêler une acceptation.

Que de choses n'avons-nous pas acceptées ainsi depuis quatre-vingts ans ! Mais nous commençons à trouver que ce rôle est ridicule, qu'il est temps d'en finir avec la lugubre comédie des agitations. Nous croyons fermement que le suffrage universel, puisque la France l'a adopté, doit recevoir la consécration sans laquelle il n'est qu'un vain mot, une formalité dérisoire; cette consécration, *c'est qu'il ne puisse être démenti que par lui-même.*

Ma quatrième aux Parisiens.

TROIS HYPOTHÈSES

Maintenant que j'ai essayé de vous expliquer sommairement comment à Fouilly-les-Oies nous entendons la République, je n'hésite pas à vous dire que nous sommes assez disposés à nous rallier à cette forme de gouvernement, car, nous l'avouons, le prestige nécessaire à toute monarchie nous paraît désormais impossible en France; il a été détruit par les habitudes de libre discussion, par la disparition définitive de toute aristocratie, même de l'aristocratie conventionnellé du suffrage restreint, enfin par la chute sans grandeur de la dernière dynastie.

Mais qui nous garantit que vous consentirez, pour votre part, à la pratiquer ainsi, à rester fidèles à la rigoureuse application des principes? Qui nous garantit que vous renoncez aux incessantes, aux énervantes agitations? Qui nous garantit que vous ne chercherez pas, fidèles à vos antécédents, à annuler par le droit de l'émeute les votes des *ruraux*, au nom d'une prétendue supériorité morale et intellectuelle qui n'est proclamée que par vous-mêmes?

S'il devait en être ainsi, si ces craintes devaient se réaliser, essayons de prévoir les résultats.

Il se présente trois hypothèses :

1re hypothèse : Ou bien vous réussirez dans votre tentative : vous renverserez le gouvernement établi et lui en substituerez un de votre choix, que vous appellerez d'un nom quelconque et que le pays indifférent feindra d'accepter. Ce gouvernement conservera-t-il le droit de suffrage pour toute la France? Il ne pourra guère s'en dispenser, sous peine de n'être plus une République. Mais alors les premières élections accomplies sous l'empire du régime nouveau lui enverront, c'est fort probable, une masse formidable d'opposants : Que fera-t-il? Devant cette manifestation des volontés du pays abandonnera-t-il le pouvoir? C'est bien douteux : et quelque nouveau coup d'Etat, accompagné de violences nouvelles, le débarrassera d'une opposition gênante. Alors c'est bien et dûment le despotisme; le despotisme de quelques hommes gouvernant sous la pression de la foule constamment debout, constamment armée. Voyez-vous d'ici les conséquences? Pour Dieu! Messieurs les Parisiens, quand nous songeons à tout cela, nous paisibles habitants de Fouilly-les-Oies, comme nous nous applaudissons que le sort ne nous ait pas fait naître dans le foyer de la civilisation! Voilà donc le despotisme installé; il fonctionne, ses chefs ne rencontrent aucune opposition ouverte... Oui ; mais c'est précisément alors que vont commencer les embarras. Devant eux et contre eux s'organise sourdement la terrible conspiration du mauvais vouloir. Ils sont les maîtres, mais ils s'agitent dans le vide : sous leur impulsion, subie passivement, le corps social se livre à des mouvements automatiques : plus de vie; le commerce et l'industrie languissent ; l'argent se cache : les hommes de labeur, imprudemment dévoyés, ne trouvent que la misère, au lieu de l'Eldorado qu'ils avaient rêvé ; des plaintes amères se font entendre; les instincts se donnent carrière : l'émeute gronde chaque jour...

Peu à peu les oppositions s'enhardissent; puis, un beau jour, honnis, conspués par ceux-là mêmes qui les avaient élevés sur le pavois, ces chefs improvisés sont arrachés du pouvoir au milieu des malédictions universelles : puis la masse des gens paisibles se jetant, encore épouvantée, vers l'autre extrémité de l'échelle politique, cherche dans le despotisme d'un seul, responsable au moins devant l'opinion, un refuge contre le despotisme aveugle et irresponsable des foules soulevées.

Il ne faut pas être un grand sorcier pour le prévoir; tout cela, mes bons Parisiens, est vieux comme le monde ; c'est ce qui est arrivé dans l'antiquité et dans les temps modernes ; c'est ce qui arrive dans de grands Etats comme chez les plus misérables peuplades de l'Afrique ; c'est ce qui arrive partout où l'on substitue le règne des instincts à celui de la raison, la force brutale à l'autorité des lois.

Deuxième hypothèse : ou bien la France entière, prenant au sérieux les institutions républicaines, y verra bien réellement le gouvernement *de tous par tous*, et saura déconcerter par sa fermeté toutes les tentatives extra-légales ; elle refusera énergiquement d'accepter les conséquences de l'émeute, dût-il en résulter la rupture de toutes ses relations politiques avec Paris et la translation du siége du gouvernement sur un autre point du territoire, laissant cette malheureuse ville s'épuiser dans des convulsions douloureuses, mais stériles..... jusqu'au moment, peu éloigné, où les hommes de sens reprenant leur empire feront cesser une scission funeste.

Troisième hypothèse : ou bien la capitale, refusant obstinément d'accepter les conséquences du suffrage universel, mais renonçant, en apparence, à imposer ses volontés à la France, se bornera à réclamer son autonomie et se déclarera ville libre. Cet exemple sera peut-être suivi par d'autres villes, surtout par les grands centres industriels. Dès ce moment le faisceau est rompu : l'unité qui faisait la force de la France et pouvait préparer la résurrection de sa grandeur disparaît ; Paris se dépeuple et s'appauvrit ; notre nationalité même est menacée. Dissolution effrayante, désastre complet.

UN POST-SCRIPTUM.

On a compris que les pages précédentes avaient été écrites avant les événements dont Paris est en ce moment le théâtre ; du reste, elles en révèlent le pressentiment le plus marqué.

De ces événements eux-mêmes, que dirai-je.....

Ma cinquième aux Parisiens.

LA GUERRE CIVILE POUR UNE ABSURDITÉ

Les pages précédentes avaient été écrites avant les événements dont votre ville a été et continue à être le théâtre : du reste elles en contenaient le pressentiment le plus marqué. Ce pressentiment se trouve justifié au-delà de tout ce que nous pouvions craindre ; une minorité violente a tenté d'installer un gouvernement nouveau ; la liberté sous toutes les formes est outrageusement méconnue ; le canon tonne ; le sang coule à flots..... eh bien, je veux essayer de refouler tous les sentiments que ce spectacle m'inspire, je veux vous parler sans passion.

Dans un État dont les institutions permettent la libre expression de la pensée, la libre discussion de tous les principes, et autorisent l'espérance de modifications accomplies par des voies légales, quel est le devoir de ceux qui se croient fondés à soulever des revendications? Répandre leurs idées par la parole et par la presse et attendre que le scrutin leur donne, si elles le méritent, le droit de naturalisation en amenant, au pouvoir, les hommes qui les représentent.

S'il ne devait pas en être ainsi, si la force brutale, si le canon devait rester la seule loi, quelle serait, je vous le demande, l'utilité de ces institutions?

Parisiens auteurs de la tentative actuelle, est-ce ainsi que vous avez procédé? Non certes, après avoir conservé, pour vous en servir contre vos concitoyens, les armes qui vous avaient été confiées contre l'ennemi du dehors ; après avoir accaparé, sous un prétexte mensonger, un formidable matériel de guerre, près de cinq cents canons ; après avoir installé ce matériel dans des positions qui commandaient la ville ; après avoir, par des menées souterraines, travaillé l'esprit de l'armée et préparé sa défection ; résistant par la force à une injonction légitime du pouvoir central, vous avez levé l'étendard de la révolte ; puis profitant d'un premier succès, oublieux de toute justice, — car vous n'êtes qu'une minorité, — oublieux de tout patriotisme, — car la France mutilée et saignante réclamait à grands cris l'union de tous ses enfants, — vous avez proclamé l'avénement de la Commune. Qu'entendez-vous par constituer la Commune ? Serait-ce le droit, pour chacune des individualités collectives dont l'ensemble forme l'Etat, de nommer elle-même son maire et son conseil municipal, de s'administrer elle-même en toute indépendance *au point de vue des intérêts purement locaux*? Sous ce rapport nous sommes pleinement de votre avis ; néanmoins nous comprenons des restrictions momentanées et des ajournements, s'ils sont appuyés sur des considérations bien motivées d'intérêt général. Ajoutons que la concession de ce droit vient d'être faite à l'immense majorité des communes de la France.

Mais, dites-vous, il y a des restrictions offensantes ; Paris, surtout, a été traité jusqu'à ce jour comme une cité de parias ; on lui a refusé, on lui refuse encore des droits concédés à la plus modeste bourgade. Cela est vrai ; mais il y a peut-être une cause. Cette cause, il nous est permis de la trouver dans la différence marquée d'aspirations politiques entre les villes populeuses et les campagnes. Elle acquiert une importance tout exceptionnelle pour la ville de Paris, par le chiffre même de la population de cette ville, et par l'habitude prise d'y voir résider le pouvoir central. Supposez un maire de Paris maître absolu des finances, de la police, de la force armée représentée par la garde nationale ; n'est-on pas fondé à redouter une hostilité compromettante pour le pouvoir central, et inquiétante pour la tranquillité de l'Etat tout entier?

Au nom de l'intérêt général, au nom de l'immense majorité des citoyens, en attendant que l'uniformité d'aspirations se soit établie peu à peu, par la pratique prolongée des institutions libérales, les gouvernants ont cru devoir ajourner la concession au droit absolu. Ont-ils eu tort? Qu'on réfléchisse bien avant de se prononcer.

Ah! les revendications impérieuses, prématurées du droit absolu! que l'on s'en méfie : elles nous ont déjà préparé bien des mécomptes.

Mais d'ailleurs, avouez-le, Parisiens, tel n'est pas le but que vous poursuivez; vous visez plus haut et plus loin. Ce que vous entendez par *constituer la Commune*, c'est lui reconnaître le droit d'avoir une attitude politique particulière, de former un Etat dans l'Etat; et, pour qu'il n'y ait aucun doute à cet égard, vous avez prononcé le mot de *fédération*.

Chose étrange! Le Paris républicain de 93 mettait à mort les hommes suspects de fédéralisme ; le Paris républicain de 1871 tente d'imposer le fédéralisme au prix d'une guerre civile épouvantable !

Disons-le dès l'abord, il nous semble, à nous simples paysans, qu'une fédération n'est possible qu'entre États d'une certaine étendue, offrant certaines différences d'origine, de mœurs, pouvant avoir des intérêts distincts, une existence indépendante ; appliquée à un pays dont toutes les parties sont étroitement unies, où tous les intérêts matériels, moraux, intellectuels sont si parfaitement, si constamment mêlés, elle nous paraît une anomalie, elle nous paraît impraticable.

Puis sur quelle base reposera ce système? Reviendra-t-on à l'ancienne division par provinces? Partagera-t-on la France en un certain nombre de régions politiques? Divisera-t-on la société par groupes de corporations? Reconnaîtra-t-on comme unités fédératives les plus humbles individualités communales, devenues chacune un centre politique? Groupera-t-on arbitrairement les campagnes autour des cités destinées à les absorber politiquement ? Se contentera-t-on de réclamer pour Paris seul le privilége de l'indépendance complète ? L'absence de programme à cet égard est déjà un tort immense : à elle seule elle suffit à donner à la tentative actuelle le caractère d'un attentat : elle autorise pleinement à penser que cette tentative, si manifestement illégale, n'est due, comme tant d'autres, qu'à l'effervescence des instincts et à la vanité incurable, féroce, de certains hommes qui veulent à tout prix jouer un rôle, avoir leur moment de pouvoir, et qui recrutent facilement des comparses dans une cité où fleurissent, si plantureuses, la présomption du demi-savoir, la brutale audace et les convoitises.

Revenir à l'ancienne division par provinces, partager la France en un certain nombre de régions, ne serait-ce pas ouvrir toute grande la porte à l'étranger ?

Partager la société par groupes de corporations : cette idée étrange a été mise en avant ; nous ne pensons pas qu'elle supporte la discussion.

Reconnaître comme unités fédératives les plus humbles individualités communales, c'est revenir forcément au système de la représentation, qui donnera des résultats identiques aux résultats actuels et créera les mêmes antagonismes.

Grouper arbitrairement les campagnes autour des cités destinées à les absorber politiquement est une injustice manifeste ; c'est partager légalement le pays en deux camps ennemis, c'est décréter la guerre civile à l'état permanent et, qui sait, préparer peut-être une Jacquerie.

Paris, affecte-t-on de répéter, ne veut pas imposer ses volontés à la province, mais il ne veut pas que la province lui impose les siennes. Paris ne veut pas subir les volontés de la province ! Eh pourquoi donc, si la province représente une majorité immense, écrasante ? Quand vous bénéficiez des avantages d'un certain état social, de quel droit prétendriez-vous vous soustraire aux obligations qu'il vous impose ?

Paris ne veut pas imposer ses volontés à la province ! Pure hypocrisie : nous, habitants de Fouilly-les-Oies, qui ne nous payons pas de phrases creuses et de mots sonores, nous croyons fermement que cette autonomie tant désirée ne pourrait devenir une réalité durable qu'à cette condition, et que cette condition est le but réel de tous vos efforts.

Supposons un instant la révolte triomphante et la séparation effectuée. Paris est devenu une puissance indépendante : le pouvoir central issu des vœux du pays siége sur un autre point. Qu'il surgisse une question de politique extérieure : certes, il est permis de supposer une divergence d'opinion entre ces deux puissances ; laquelle des deux devra céder ? Paris qui aura triomphé une première fois voudra tirer parti de son triomphe ; ce serait donc le pouvoir central qui céderait : dès lors il est annulé. Paris redevient souverain. Sinon, je vous le demande, à quoi aurait servi de verser tant de sang pour secouer ce prétendu joug qu'on se résignerait à subir à la première épreuve.

Mais d'ailleurs, pourquoi donc établir une distinction entre Paris et la province ? Pourquoi ne pas voir dans nous tous des hommes appelés aux mêmes destinées, subissant les mêmes charges, devant jouir des mêmes droits ? Pourquoi ? Je vais vous le dire.

Parisiens orgueilleux ! faux républicains ! vous voulez vous constituer en aristocratie dirigeante, vous voulez créer à votre profit une espèce de noblesse nouvelle dont le brevet serait conféré par le seul fait du séjour dans la capitale, par le seul fait du titre d'homme de labeur, *d'homme d'action*, et cela au nom d'une prétendue supériorité morale et intellectuelle, qui n'est proclamée que par vous-mêmes. Cette prétention nous paraît inadmissible, nous paraît absurde ; et comme c'est pour elle que vous combattez, nous ne craignons pas de vous le dire : Parisiens, vous faites la guerre civile pour une absurdité !

Ma sixième aux Parisiens.

PARIS CAPITALE

Vos phraseurs ont dit : « Paris est le cerveau et l'âme de la France, le flambeau qui l'éclaire, la flamme qui la vivifie; il est l'agent infatigable de sa prospérité, l'artisan de toutes ses gloires; il l'a conduite à la conquête de toutes les libertés; il est sa capitale née, sa capitale indispensable. »

Ah! les flatteurs! quel fléau pour les souverains, peuples ou individus!

Devons-nous, à ce propos, vous faire entendre quelques paroles de rude franchise? Eh! pourquoi non? Il y a deux mois, nous ne l'aurions pas osé : le souvenir des malheurs récents, le besoin d'union et de mutuelle sympathie nous auraient fermé la bouche. Mais aujourd'hui, une lutte fratricide est engagée sous les murs de Paris, et vous en êtes les promoteurs; dans Paris même, la liberté, sous toutes les formes, est odieusement violée : les attentats à la propriété, les outrages à la religion se commettent impunément; des actes marqués au sceau de la folie s'exécutent solennellement, commandés par des hommes qui ne sont que la parodie d'un gouvernement, et vous êtes les auteurs de ces scandales. Eh bien! à vous qui souillez notre histoire de cette page honteuse et désormais ineffaçable, nous devons la vérité, nous la devons tout entière.

« Paris est le cerveau et l'âme de la France. » Nous affirmons, nous, qu'il en est aussi la sentine. Vous nous montrez toutes les intelligences d'élite qui s'y donnent rendez-vous comme dans leur centre naturel ; nous vous prouvons, nous, statistique en main, qu'il est le refuge des déclassés, des risque-tout, des individualités les plus dangereuses, de ce qu'il y a de plus pervers et de plus corrompu dans le pays entier. Votre assertion a du vrai ; la nôtre n'en a pas moins. Que conclure ? sinon qu'on doit se tenir en garde contre les axiomes vagues qui ne prouvent absolument rien.

Nous allons plus loin, et nous vous demandons : Quand des troubles civils viennent à éclater, quels en sont les agents les plus actifs ? Quels sont, des intelligences d'élite ou des risque-tout, ceux qui influent le plus puissamment sur les résultats ? Osez répondre !

« Paris est l'agent principal de notre prospérité. » Faisons sommairement le bilan de cette prospérité. Nous trouvons, d'un côté, des champs fertiles et bien cultivés, une jeunesse robuste, les vertus domestiques, des mœurs paisibles, des convictions religieuses, le respect des lois et de leurs représentants : c'est là notre contingent. De l'autre, nous voyons une activité fiévreuse, la soif de l'or et des jouissances, l'ardeur des spéculations, le culte des lettres et des beaux-arts, c'est vrai, mais aussi toutes les recherches du luxe ; nous y voyons, de plus, la licence des mœurs, la bigarrure des opinions politiques plaidées toutes avec une éloquence égale, l'indifférence à toutes les nobles croyances, le mépris de tout ce qui est l'autorité pratiqué religieusement depuis les bancs de l'école jusqu'au fauteuil des assemblées délibérantes : voilà votre contingent, ne vous en déplaise.

Il nous semble que notre part est assez belle, et nous ne pouvons nous empêcher de concevoir un certain orgueil en pensant que de notre côté sont les sources d'une prospérité réelle et durable, de votre côté les sources d'une prospérité superficielle, voisine de la décadence, dont elle laisse déjà percer tous les symptômes. Nous ne pouvons nous empêcher de penser que si une régénération est devenue nécessaire, elle s'accomplira, non en faisant rayonner sur la province les idées, les mœurs et les tendances de Paris, mais, bien au contraire, en affranchissant à tout jamais la province de cette influence délétère et dissolvante.

« Paris a conduit la France à la conquête de toutes les libertés. » A Fouilly-les-Oies, nous croyons connaître assez l'histoire pour pouvoir affirmer que dans le grand mouvement, le mouvement rénovateur de 89, les provinces ne se sont pas laissé distancer par la capitale, et que le rôle de celle-ci a consisté surtout à compromettre les résultats par de hideuses, de sanglantes exagérations, qui devaient aboutir fatalement à la restauration du despotisme.

Nous pensons que, depuis cette époque, en patronant l'insurrection, en l'ennoblissant, sous le nom de principe révolutionnaire, par la plume de ses historiens, de ses journalistes, de tous ses théoriciens patentés, en lui donnant, en quelque sorte, le droit de cité, à la seule condition qu'elle soit triomphante, Paris a pu, grâce à l'attitude passive de la France, établir par plusieurs tentatives heureuses, quoique illégales, le règne de la force aveugle, dont nous voyons aujourd'hui les tristes saturnales.

Nous pensons que ces explosions de la force ont fait dépasser le but à plusieurs reprises, ont empêché de pratiquer le régime constitutionnel avec toutes ses conséquences, ont annulé les effets d'un principe tutélaire, celui de la responsabilité ministérielle.

Nous pensons qu'après avoir installé la République en février 1848, ces mêmes explosions l'ont discréditée en mai et en juin et ont préparé une seconde restauration du despotisme.

Nous pensons que les chefs de la République du 4 septembre, par leurs illusions naïves, par leur confiance illimitée dans la garde nationale qu'ils ont laissée s'armer sans imposer aucun contrôle, sans exiger aucune garantie morale, qu'ils ont laissée s'organiser et fonctionner trop en dehors de l'action gouvernementale, ont amené des ambitieux de bas-étage à concevoir et mûrir le projet d'utiliser cette

force immense pour gravir à leur tour les échelons
du pouvoir en surexcitant les instincts de la foule
armée.

Enfin nous pensons, et c'est la seule excuse qui
puisse être alléguée pour atténuer un peu le crime
de la guerre actuelle, nous pensons qu'elle est une
conséquence déplorable, mais logique, de la manière
dont a été traitée jusqu'à ce jour en France la politique intérieure, de la faiblesse coupable qui nous a
poussés jusqu'à ce jour à acheter la tranquillité en
sanctionnant tous les soulèvements réussis de la capitale. Aussi, condamnant les exagérations, de quelque côté qu'elles se produisent, nous ne craignons
pas de dire à plus d'un personnage du parti de la lé-
galité : Messieurs, pour juger sainement les actes et
les hommes, sachez remonter aux causes, si élo-
quentes qu'elles puissent être, vous y trouverez
peut-être l'occasion de quelque *meâ culpâ* et ne
pensez pas qu'il suffise, pour trancher toute question de responsabilité dans les excès odieux, d'appliquer l'épithète de brigands aux hommes égarés qui
les commettent.

En somme, il nous semble que, loin de mériter
les éloges pompeux de ses tribuns et de ses pané-
gyristes intéressés, Paris a été, jusqu'à ce jour, en
politique, le mauvais génie de la France.

Si ces affirmations sont fondées, la conséquence
à en déduire est transparente.

« Paris est la capitale née de la France, sa capitale indispensable. » — Il est superflu de dire que
nous, habitants de Fouilly-les-Oies, ne sommes nul-
lement de cet avis. Que cette ville continue à être
un centre pour le commerce, les sciences, les lettres,
les beaux-arts ; qu'elle continue à être la reine du
goût, l'arbitre de la mode, la providence des artistes,
qu'elle soit même, si l'on y tient, une ville de plai-
sirs, le rendez-vous favori des opulents désœuvrés
de l'Europe et du monde entier ; mais nous ne comprenons pas qu'un gouvernement et des Chambres,
appelés à délibérer au sein du calme et dans toute
leur indépendance, soient condamnés à séjourner

constamment dans une ville aussi tumultueuse, à rester constamment sous la pression d'une population aussi turbulente et menaçant sans cesse l'ordre par les armes qu'on lui a imprudemment confiées. Quand on entend proclamer de tous côtés la nécessité de la décentralisation , ne doit-on pas reconnaître que la plus urgente est la décentralisation de l'émeute et des bouleversements.

Qu'on y prenne garde ; s'il était accordé que Paris doit être de toute nécessité la capitale, le gouvernement, de quelques hommes qu'il se composât, ne serait jamais que nominal, le gouvernement réel serait toujours, par la force des choses, cette ville elle-même. Il faut qu'un précédent solennellement établi consacre le droit du Pouvoir à assurer son indépendance en se transportant sur tel ou tel point du territoire. Plus tard, quand nos mœurs politiques se seront formées, cette question aura perdu de sa gravité, et il sera permis de la négliger.

On objectera peut-être que le pouvoir doit rester au milieu de cette ville populeuse pour parer avec plus de promptitude aux soulèvements et aux tentatives de complète indépendance. — Hélas ! n'est-il pas prouvé surabondamment que, loin d'être un frein à l'émeute, cette présence en est au contraire un stimulant ? D'ailleurs les gens d'ordre sentiront un peu mieux peser sur leurs épaules le fardeau de la responsabilité ; ils comprendront mieux la nécessité pour chacun de payer de sa personne dans les troubles civils : ce qu'ils auraient fait tout récemment avec beaucoup plus d'ensemble et d'efficacité s'ils n'avaient pas été habitués de longue main à tout attendre du pouvoir, à le laisser isolé en face des résistants.

Bien des intérêts particuliers, des commodités particulières seront froissés. — Cela est fâcheux, sans doute ; mais, après tout, qu'importe, si l'intérêt général le réclame.

On aura contre soi la presse tout entière. — Question de boutique dont il est permis de ne pas tenir grand compte.

On encourra inévitablement la plus complète impopularité. — La popularité de Paris! Ah! nous plaindrions ceux que l'histoire des dernières années n'en aurait pas dégoûtés pour bien longtemps.

Ainsi, au nom du droit, au nom de la tranquillité du pays, au nom de la stabilité des institutions, il faut que la France prenne entièrement possession d'elle-même. Si elle ne reconnaît à aucune individualité le droit de jouer vis-à-vis d'elle le rôle de Providence, ce n'est pas pour l'accorder à une cité; que dis-je, à la partie la moins éclairée, la moins honorable, à la masse turbulente de cette cité. Pour affirmer cet état de choses il nous paraît urgent d'ôter momentanément à Paris son titre de capitale : c'est le moyen le plus efficace de lui ôter les velléités de recommencer parmi nous la Rome ancienne. Rome à elle seule était tout l'Etat; l'Italie d'abord, plus tard le monde connu presque entier, gouvernés despotiquement par son aristocratie, subissaient les conséquences de toutes les révolutions qui avaient lieu sur ce théâtre resserré ; aussi disait-on de l'Italie et du monde : la République *romaine*. Soyons conséquents, et si nous nous résignons à subir les prétentions de Paris, cessons de nous appeler la République *française*, soyons la République *parisienne*.

Telle est, ô Parisiens, l'opinion dominante à Fouilly-les-Oies. Si nos critiques vous paraissent un peu vives, rappelez-vous que vous nous avez donné par vos railleries amères le droit de vous être désagréables. Ces pauvres *ruraux*, croyez-moi, ne méritent pas le dédain que vous leur prodiguez si généreusement; s'ils ont des défauts, ils ont bien aussi quelques qualités; je n'en veux pour preuve que leur fidélité à cette maxime d'application pratique, elle est toute de circonstance et je la recommande à vos méditations : « On s'honore en obéissant à des lois, si défectueuses qu'on les suppose, quand l'organisation politique permet d'espérer des modifications accomplies par les voies légales. »

Meaux --- Imprimerie A. COCHET.

www.ingramcontent.com/pod-product-compliance
Lightning Source LLC
LaVergne TN
LVHW021653170726
843501LV00007B/2530